Innovationsmanagement für Eilige

Frederik Choi

Juli 2020

ISBN: 978-3-96214-043-4

Verlag:
Intellicore UG (haftungsbeschränkt)
Herkulesstr. 3-7
45127 Essen

Coverdesign: Mais Kirakozov

Vorwort

Das Geheimnis des Erfolges eines jeden florierenden Unternehmens?

Klar: Innovation (und ein Geheimnis ist das schon lange nicht mehr).

Vom kleinsten Startup bis zum Riesenkonzern, vom Verein über die Behörde bis hin zur ganzen Volkswirtschaft, innovativ möchte jede Organisation sein. Das bedeutet aber auch, dass wir uns nicht mehr allein auf kreative Eingebungen und plötzliche Inspiration verlassen können. Zwar wird es auch in Zukunft auf den schöpferischen Funken ankommen, der echte Innovation möglich macht – aber Struktur und Prozesse müssen so gestaltet sein, dass dieser die optimale Wirkung entfalten kann und nicht wirkungslos verpufft.

Dies ist das Feld des Innovationsmanagements.

Unsere Einführung „Innovationsmanagement für Eilige" wird Ihnen einen Überblick über Ziele, Begriffe und Methoden des Innovationsmanagements geben. Wir möchten Ihnen damit eine kompakte Grundlage und Starthilfe für eine weitere Beschäftigung mit dem Thema geben, so dass Sie alle zukünftigen Informationen zuverlässig einordnen und für Sie Relevantes von Irrelevantem trennen können.

Unsere Frage an Sie: Ist uns das gelungen? Wenn Sie dieses Handbuch hilfreich fanden, würden wir uns sehr über eine Rezension bei Amazon oder dem Online-Buchhändler Ihrer Wahl freuen. Noch wichtiger: Wenn Sie Fehler finden oder andere Verbesserungsvorschläge haben, dann zögern Sie nicht, sie uns per E-Mail an verlag@intellicore.press mitzuteilen. Wir werden die Fehler dann in der nächsten Auflage (bzw. beim E-Book umgehend) ausbügeln.

Wir freuen uns auf Ihre Rückmeldungen und wünschen Ihnen viel Spaß bei der Lektüre!

Frederik Choi

verlag@intellicore.press

https://intellicore.press

Inhalt

Juli 2020 i

ISBN: 978-3-96214-043-4 i

Verlag: i

Intellicore UG (haftungsbeschränkt) i

Herkulesstr. 3-7 i

45127 Essen i

Coverdesign: Mais Kirakozov i

Vorwort 3

Innovation: Was ist das überhaupt? 8

Innovationsstrategie: Ziele und wie sie erreicht werden 12

Marktdimension 13

Wettbewerbsdimension 13

Technologiedimension 13

Zeitdimension 13

Kooperationsdimension 14

Innovationsprozess: Nicht linear, aber Schritt für Schritt 15

3 Phasen des Innovationsprozesses 15

1. Entdeckung, Ideenfindung 16

2. Entwicklung 18

3. Umsetzung, Verwertung 18

Phasen des Innovationsprozesses nach Lean Startup 18

Innovation Sourcing 18

Curation 19

Prioritization 19

Solution Exploration, Hypothesis Testing 20

Incubation 21

Integration, Refactoring 22

Phasen des Innovationsprozesses nach Design Thinking 23

Verstehen 23

Beobachten 23

Zusammenführen 24

Ideengenerierung 24

Prototyping 24

Testen 24

Ideation: Wo kommen gute Ideen her? 26

Ideengenerierung und Kreativitätstechniken 26

Idea Engineering 28

Ideenbewertung 30

Innovationsmetriken: Wie misst man Innovation? 32

Leading und Lagging Indicators: vorausgehende und
nachlaufende Indikatoren 32

1. Generation (1950er und 1960er Jahre): Input-Indikatoren .33

2. Generation (1970er und 1980er Jahre): Output-Indikatoren
....33

3. Generation (1990er Jahre): Innovations-Indikatoren 34

4. Generation (2000er Jahre bis heute): Prozess-Indikatoren .35

Zukünftige Indikatoren 36

Glossar: Rund um Innovation 40

Blue-Ocean-Strategie...40

Design Thinking..41

Ideation..42

Idee 42

Innovation 43

Innovationsarten 43

Innovationsprozess 44

Innovationsstrategie 45

Innovationsmanagement 46

Innovative und absorptive Kapazität 46

Knowledge Sourcing 47

Open Innovation und Closed Innovation 48

Quellen und Literaturhinweise 50

Innovation: Was ist das überhaupt?

Innovation ist…

„… keine Garantie gegen das Scheitern, aber ohne Innovation ist das Scheitern garantiert.“

(Stefan R. Munz)

„… keine Pflicht – Überleben aber auch nicht.“

(Graham Horton)

„… wenn der Markt ‚Hurra!‘ schreit.“

(unbekannt)

„… kein Zufall.“

(Christina Taylor)

„… Zufall.“

(Tim Berners-Lee)

So viele Leute Sie nach der Definition von Innovation fragen, so viele verschiedene Antworten werden Sie erhalten. Und gefragt wird praktisch das ganze Jahr über: Google Trends verzeichnet in Deutschland und weltweit eine große Zahl von Anfragen an die Suchmaschine zu diesem Thema, mit Flauten nur am Wochenende, in den Sommerferien und zu Weihnachten:

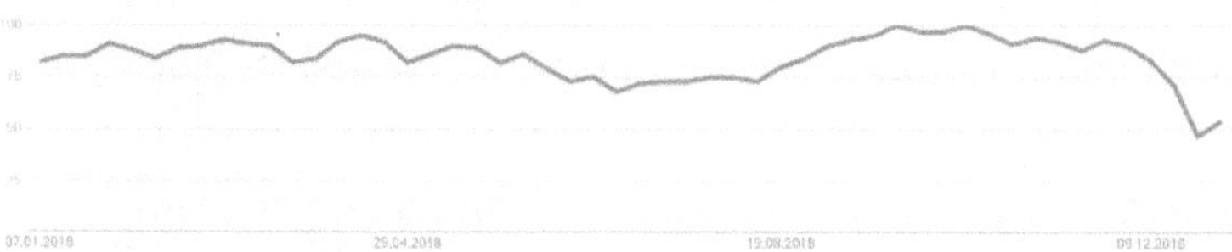

Abbildung 1: Suchanfragen weltweit zum Thema "Innovation", 1. Januar bis 31. Dezember 2018 (Quelle: Google Trends)

Warum?

Wie die Zitate oben zeigen, ist die Frage, wie man Innovationen schafft, sowohl für den einzelnen Menschen auf dem Arbeitsmarkt, für das einzelne Unternehmen und auch für ganze Volkswirtschaften überlebenswichtig.

Wir haben alle ein intuitives, umgangssprachliches Verständnis von Innovation: Innovation schafft Neues, vor allem mit technologischen Mitteln. Innovation ist überraschend, manchmal aber auch schwer verständlich oder schwer zu bedienen, und manche Innovationen überleben auch nicht oder nur in Nischen (bekanntes Beispiel: der Segway-Transporter).

Dieses Verständnis greift aber ein bisschen zu kurz: Nicht nur technische Produkte können Innovationen sein. Zunächst einmal gibt es auch in Branchen, die nicht in erster Linie Technologien entwickeln, immer wieder Innovationen (vegane „Wurst" und Bubble Tea; selbstbefruchtende Kiwipflanzen und Malbücher für Erwachsene; auch die mittlerweile häufigen Buddhafiguren in Vorgärten waren einmal eine Innovation, die die Gartenzwerge ablöste).

Und zudem können nicht nur Produkte Innovationen sein: Es gibt auch Serviceinnovationen (Dienstleistungsinnovationen), Prozessinnovationen (Verfahrensinnovationen), kulturelle und strukturelle Innovationen und andere (siehe Glossar).

Die Frage, wie sich alle diese Innovationsarten mit ihren unterschiedlichen Merkmalen elegant in einer Definition vereinbaren lassen, hat schon einige Innovationsforscher umgetrieben. Am gründlichsten haben wohl Anahita Baregheh und Mitarbeiter im Jahr 2009 die Frage untersucht, wie sich Innovation definieren lässt [1]: Die Arbeitsgruppe fand in der Literatur seit 1934 insgesamt um die 60 Definitionen von Innovation aus den Fachgebieten Management, Wirtschaftswissenschaften, Organisationswissenschaften, Innovation und Unternehmertum, Technologie und Wissenschaft, Wissensmanagement und Marketing.

Baregheh und Mitarbeiter analysierten diese Definitionen hinsichtlich ihrer Überlappungen: Bei welchen Aspekten waren sich möglichst viele Experten einig, dass es sich bei ihnen um notwendige Eigenschaften von Innovation handelt?

Die Wort-für-Wort-Analyse ergab die im Folgenden gezeigte Matrix.

Tabelle 1: Worthäufigkeiten in Definitionen des Konzepts Innovation seit 1934, geordnet nach Fachgebiet (Quelle: [1])

	Business and management	Economy	Innovation and entrepreneurship	Technology/science/ engineering	Knowledge management	Marketing	Organization study
Nature	New, 16 Change, 4	New, 24 Improved, 4	New, 10 Change, 2	New, 11 Challenge, 2 Change, 2	New, 2 Improve, 1	New, 3 Change, 2 Improve, 1	New, 4
Type	Product, 7 Process, 5 Service, 5 Program, 2	Product, 9 Process, 6 Service, 3 Technical, 3	Product, 4 Service, 4 Technical, 3	Product, 10 Service, 8 Process, 7 Technical, 3	Product, 2 Incremental, 1 Process, 1 Radical, 1 Service, 1 Technical, 1	Product, 2 Process, 1 Service, 1	Product, 4 Process, 3 Service, 3
Stages	Adoption, 3 Creation, 4 Design, 2 Implementation, 2 Development, 2	Production, 4 Introduction, 3 Manufacturing, 3 Development, 2 Commercialization, 3	Generation, 3 Application, 2 evelopment, 2 Implementation, 2 Acceptance, 1 Creation, 1	Adoption, 7 Development, 3 Generation, 7 Implementation, 2 ntroduction, 2 Commercialization, 4 Creation, 2	Creation, 2 Decision, 1 Design, 1 Development, 1	Learning, 1 Communication, 1	Adoption, 3 Application, 2 Development, 2 Program, 2
Environment	Organization, 7 Firm, 6 Customer, 2 Developer, 2 External, 2 System, 2 Users, 2	Organization, 2 Actor, 1 Consumer, 1 Customer, 1 Social system, 1	Organization, 2 Users, 2 Customers, 1 Employee, 2	Organization, 12	Group, 1 Internal, 1 Organization, 1	Organization, 1	Firm, 5 Organization, 4 Group, 2 Unit, 2
Means	Idea, 5 Resource, 4 Invention, 3 Technology, 3 Investment, 2 Market, 2 Creativity, 1	Economy, 2 Equipment, 2 Idea, 2 Industry, 2 Market, 2 Technology, 2	Idea, 5 Creativity, 5 Invention, 2 Innovativeness, 1	Market, 6 Technology, 6 Creativity, 4 Invention, 4 Idea, 2 Innovativeness, 1	Knowledge, 2 Idea, 1 Market, 1	Technology, 1 Invention, 1	Idea, 3 Innovativeness, 3
Aims	Superior, 4 Advantage, 2 Value, 2 Competition, 2 Influence, 2 Sustain, 2 Differentiation, 2	Economic, 2 Compete, 3	Economy, 2 Need, 2 Compete, 2 Success, 2	Economic, 2 Success, 2 Differentiation, 1	Business, 1	Superior, 1	

Wichtige Rollen im Verständnis der Innovation spielen also über Jahrzehnte hinweg die Neuigkeit (wenig überraschend) und Veränderung als Natur des Begriffs, Produkt, Prozess und Service als Innovationstyp, die Schaffung (Generation), Einführung (Adoption) und Produktion als Stadien, die Organisation und das Unternehmen als Umgebung, Markt, Idee, Kreativität und Technologie als Mittel, sowie Überlegenheit und Wettbewerbsfähigkeit als Ziele.

Diese und weitere Erkenntnisse fassen Baregheh und Kollegen in ihrer integrativen Definition des Begriffs Innovation zusammen:

"Innovation is the multi-stage process whereby organizations transform ideas into new/improved products, services or processes, in order to advance, compete and differentiate themselves successfully in their marketplace".

Auf Deutsch:

„Innovation ist ein in mehreren Stadien verlaufender Prozess, mit dem Organisationen Ideen in neue oder verbesserte Produkte, Dienstleistungen oder Prozesse überführen, mit dem Ziel, auf dem Markt weiter voranzukommen, im Wettbewerb zu bestehen und sich erfolgreich zu differenzieren."

Innovationsstrategie: Ziele und wie sie erreicht werden

Ja – Innovationen passieren manchmal auch durch Zufall.

Beispiel: Der Arzt und Biologe Alexander Fleming verunreinigte versehentlich seine Staphylokokken-Kultur mit Pilzen. Die Pilze produzierten einen bisher unbekannten Stoff, der die Staphylokokken abtötete – das Penicillin, das erste Antibiotikum der Welt, war entdeckt (und hat bis heute Millionen von Menschen das Leben gerettet).

Doch solche Geschichten sind die Ausnahme, nicht die Regel. Ein Unternehmen schafft Innovation, um seinen Unternehmenszweck zu erfüllen, also Profit zu machen. Damit müssen sich die Innovationsaktivitäten an diesem Ziel orientieren und sollen so weit wie möglich berechenbar gemacht und optimiert werden.

Der erste Schritt, um dies zu erreichen, ist der Entwurf einer Innovationsstrategie. Diese ist Teil der übergreifenden Unternehmensstrategie und beantwortet folgende Fragen:

- Auf welchem Gebiet will das Unternehmen Innovation schaffen?
- Welche Innovationsarten sind für das Unternehmen interessant und relevant?
- Welche Kernkompetenzen sind im Unternehmen vorhanden und können für die Innovation genutzt werden?
- Welche notwendigen Kompetenzen fehlen noch und wie können sie erworben werden (Knowledge Sourcing)?

Das Unternehmen legt also mit der Definition der Innovationsstrategie fest, welche Innovationsfelder am erfolgversprechendsten sind – wo mit dem günstigsten Ressourceneinsatz potenziell der größte Erfolg erzielt werden kann.

Die Innovationsstrategie hat dabei verschiedene Dimensionen [2]:

Marktdimension

Hier wird zum einen festgelegt, auf welche Produkt- oder Dienstleistungsbereiche sich ein Unternehmen fokussiert. Hiermit verbunden ist die Frage, auf welchen Märkten diese angeboten werden, und mit welchem Innovationsgrad.

Besonders begehrt sind hierbei sogenannte *Blue-Ocean*-Märkte; das sind solche Märkte und Teilmärkte, die nicht bereits von anderen Anbietern und Me-too-Produkten gesättigt sind. In der etwas makabren Analogie der Erstbeschreiber der Blue-Ocean-Strategie (siehe Glossar) sind das die Meere, in denen sich schon zahlreiche Raubfische tümmeln und in denen sich das Wasser vom Blut ihrer Opfer rot färbt.

Nur wenigen Unternehmen ist es möglich, echte Blue Oceans zu erschließen, und viele Unternehmen florieren mit ihren Innovationen auch in Red Oceans.

Wettbewerbsdimension

Hier wird festgelegt, in welcher Form ein Unternehmen mit seinen Wettbewerbern in Konkurrenz tritt und wie es sich von ihnen abgrenzt.

Bei radikalen Innovationen beantwortet sich die Frage nach der Differenzierung vom Wettbewerb meist selbst, so lange effektiv vermittelt werden kann, dass das Produkt einzigartig ist. Im Falle von inkrementellen Innovationen oder dem Auftauchen von Nachahmern (Me-Toos) kommen beispielsweise die Unique Selling Propositions (USP) von Produkten und Dienstleistungen ins Spiel.

Technologiedimension

Hier wird entschieden, welche Technologiefelder in der Innovation abgedeckt werden. Dies hängt zum einen mit den im Unternehmen vorhandenen oder zu erwerbenden Kompetenzen zusammen, zum anderen mit identifizierten Trends, die genutzt werden sollen.

Zeitdimension

Die Zeitdimension gibt an, mit welcher Priorität Innovationsaktivitäten vorangetrieben werden, also welche Geschwindigkeit in Forschung und Entwicklung angestrebt wird und ob es vordefinierte Zeitpunkte gibt, die für einen Markteintritt günstig erscheinen.

Kooperationsdimension

Hier schließlich wird entschieden, ob Innovationsaktivitäten allein oder in Kooperation durchgeführt werden. Mögliche Kooperationspartner sind beispielsweise Wettbewerber, Kunden, Lieferanten und öffentliche oder private Forschungseinrichtungen.

Eine gut fundierte Innovationsstrategie dient als Orientierungspunkt, gewissermaßen als Leuchtturm, für alle untergeordneten Innovationsprozesse. Sie gibt deren Richtung vor, die Ressourcen, die zur Verfügung stehen, und dient auch als Entscheidungsgrundlage dafür, welche Innovationsprozesse und Projekte vorzeitig beendet werden, weil sie nicht mehr den übergeordneten Zielen des Unternehmens dienen.

Eine Innovationsstrategie, die in den letzten Jahren viel Aufmerksamkeit erfahren hat, ist die Blue-Ocean-Strategie.

Innovationsprozess: Nicht linear, aber Schritt für Schritt

Die im vorigen Abschnitt besprochene Innovationsstrategie stellt im Prinzip schon den ersten Schritt des Innovationsprozesses dar: Ohne eine fundierte Strategie sollte es nicht losgehen.

Im Gegensatz zu allen folgenden Schritten ist es aber nicht empfehlenswert, die Strategie ständig neu aufzustellen. Sie dient, wie besprochen, als Leuchtturm zur Orientierung im Gewusel des täglichen Forschungs- und Entwicklungsgeschäfts.

Alle folgenden Schritte zeichnen sich, anders als das Aufstellen der Strategie, dadurch aus, dass sie nicht streng linear aufeinander folgen, denn das Outcome von Innovationsprozessen ist nicht vorhersehbar. Vielmehr ist es wichtig, dass zu (fast) jedem Zeitpunkt bei Bedarf auf einen früheren Schritt zurückgegangen werden kann, um das Vorgehen agil an die Realität anzupassen. Das gilt unabhängig davon, welche Einteilung des Innovationsprozesses konkret nun verwendet wird – auch hier gibt es nämlich zahlreiche Meinungen und Alternativen.

3 Phasen des Innovationsprozesses

Der bekannte US-amerikanische Innovationsforscher Tucker J. Marion verwendet in seinen Publikationen folgende Einteilung der Phasen des Innovationsprozesses:

1. Entdeckung (Discovery)
2. Entwicklung (Development)
3. Verwertung (Commercialization)

Diese dreistufige Einteilung ist auch bei anderen Autoren und Beratungsunternehmen weit verbreitet, auch wenn die drei Phasen gelegentlich anders benannt werden.

So teilt das Innovationsblog Inknowaktion den Innovationsprozess ein in:

1. Discover (Ideenfindung)
2. Design (Entwicklung)
3. Push (Umsetzung)

Das dahinterliegende Prinzip ist das gleiche:

1. Entdeckung, Ideenfindung

In der ersten Phase des Innovationsprozesses werden Probleme identifiziert und Ideen zu ihrer Lösung gefunden.

Was von beidem im Vordergrund steht, hängt von den Ausgangsbedingungen und der Motivation der Innovationsaktivitäten ab.

Market Pull und Technology Push

Dies wird auch als Innovationsimpuls bezeichnet: Wenn als Motivation für die Innovation ein Marktbedürfnis an das Unternehmen herangetragen (oder aktiv ermittelt) wurde, dann handelt es sich um einen sogenannten Market Pull. Dies ist die Suche nach einer Lösung für ein bestehendes Problem – der Markt „zieht" also sozusagen Lösungen an (Pull).

Ein Beispiel für ein Marktbedürfnis, das immer neue innovative Lösungen hervorbringt, ist beispielsweise der Wunsch nach verbesserter Mobilität in der Stadt: Wie kann sich der Stadtbewohner fortbewegen, ohne im Stau zu stehen oder lange auf Bus und Bahn zu warten? Vom Leihfahrrad bis hin zum Elektroscooter wurden schon viele Technologien und Geschäftsmodelle als Antwort auf diese Herausforderung entwickelt (und vermutlich hat dieses Bedürfnis auch bei der Entwicklung von Technologien eine Rolle gespielt, die nicht direkt mit dem physischen Transport zu tun haben, wie etwa Software für Telekonferenzen).

Wenn dagegen das Unternehmen bereits eine neue Technologie entwickelt hat und nun Probleme sucht, für die diese Technologie die Lösung darstellt, dann handelt es sich um einen Technology Push: Die Technologie „drängt" also auf den Markt (Push). Gute Beispiele hierfür sind die neuen Technologien, die von der Beratungsfirma Gartner jährlich in den sogenannten Hype Cycle eingeordnet werden (siehe Abbildung).

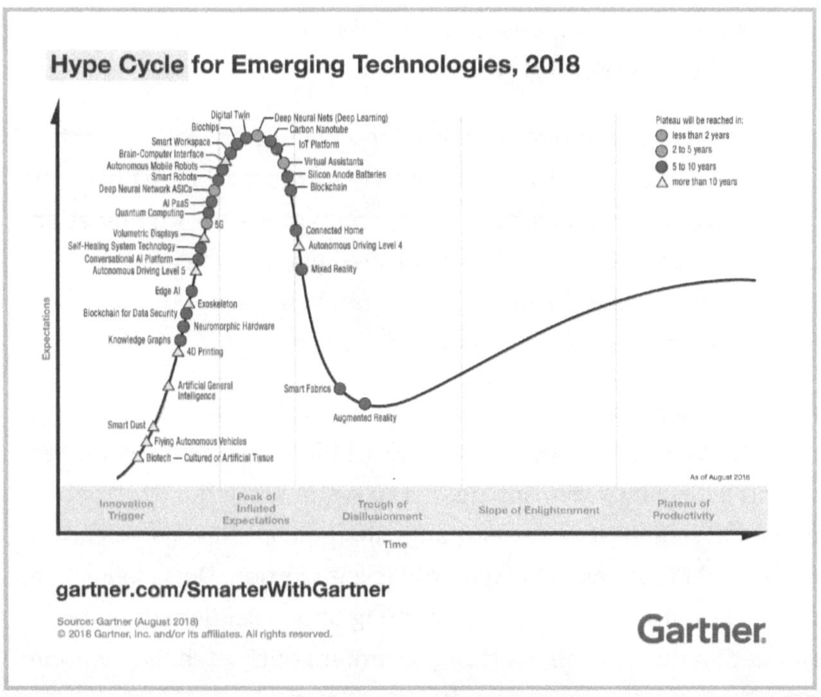

Abbildung 2: Gartner Hype Cycle 2018 (Quelle: Gartner, Inc.)

Bei vielen dieser Technologien handelt es sich um Innovationen, die in der Grundlagenforschung oder für ein eng begrenztes Anwendungsgebiet entstanden sind und für die Unternehmen und Forschungseinrichtungen nun neue Anwendungsbereiche suchen. Regelmäßig wird der Nutzwert einer Innovation dabei überstrapaziert, nach dem Motto: „Für jemanden mit einem Hammer sieht jedes Problem wie ein Nagel aus." Das hat sich beispielsweise in den Jahren 2016 und 2017 gezeigt, als die Blockchain-Technologie die Antwort auf Probleme in den verschiedensten Branchen sein sollte – nur wenige dieser Hoffnungen haben sich erfüllt.

Strategische Innovationssuche und Ideation

Nicht immer wird der Innovationsprozess in einem Unternehmen davon angestoßen, dass der Markt eine Herausforderung heranträgt oder dass eine technologische Eigenentwicklung Anwendungsgebiete sucht.

Durch die oben diskutierte wichtige Rolle, die Innovation für das Überleben und Florieren eines Unternehmens spielt, fällt vielmehr oft die

Entscheidung der Unternehmensführung, dass eine strategische Innovationssuche durchgeführt werden muss.

Hier werden gewissermaßen gleichzeitig Problem und Lösung gesucht: Entscheidungskriterium ist nicht mehr, welches Problem bereits bekannt oder welche Lösung bereits vorhanden ist, sondern welche Kombination von Problem und Lösung mit den Ausgangsbedingungen des Unternehmens (Expertise, Fachpersonal, Kapital etc.) am erfolgversprechendsten angegangen werden kann.

Ein zentraler Baustein bei der strategischen Innovationssuche ist die sogenannte Ideation oder Ideenfindung. Es ist nicht ganz einfach, diesen „soften" Anteil des Innovationsprozesses zu systematisieren; trotzdem oder gerade deswegen ist in der Vergangenheit ein großes Arsenal an Kreativitäts- und Ideationstechniken entwickelt worden. Diese liefern den Input für die darauffolgende Ideenbewertung und -selektion. Weil das Feld der Ideation und Ideenbewertung so umfangreich ist, haben wir ihm in diesem Handbuch ein eigenes Kapitel gewidmet.

Auch die Blue-Ocean-Strategie kann auf die strategische Innovationssuche angewandt werden; sie wird im Glossar näher erläutert.

2. Entwicklung
In der zweiten Phase werden die zuvor generierten Ideen in greifbare Lösungen umgesetzt (Produkte, Dienstleistungen, Prozesse).

3. Umsetzung, Verwertung
In der dritten Phase erfolgt die Markteinführung der fertigen Lösung.

Phasen des Innovationsprozesses nach Lean Startup
Die Vertreter der Lean-Startup-Bewegung teilen den Innovationsprozess noch einmal etwas anders ein [3]:

Innovation Sourcing

Ein Team erstellt in einer mehreren Tage dauernden Session eine Liste von Problemen, Ideen und Technologien, die vielversprechend erscheinen.

Curation

Die Mitglieder des Teams betreiben Feldforschung: Sie verlassen das Büro, um mit Kollegen und potenziellen Kunden zu sprechen. Dabei ist das Ziel, ähnliche Probleme in etwas unterschiedlicher Form zu identifizieren, bereits existierende Lösungsansätze zu finden und kommerziell verfügbare Lösungen kennenzulernen.

Hierbei werden gleichzeitig interne Stakeholder für das Innovationsprojekt und potenzielle Kunden (externe Stakeholder) identifiziert.

Auch ein initialer Entwurf eines Minimum Viable Product (MVP) kann schon Bestandteil dieses Schritts sein.

Gegebenenfalls müssen hier schon Ideen gekennzeichnet oder aussortiert werden, bei denen sich abzeichnet, dass ihnen zu große technische, finanzielle oder rechtliche Hürden entgegenstehen – oder dass ein entsprechendes Produkt auf dem Markt schon existiert.

Prioritization

Die im vorigen Schritt identifizierten Ideen werden nun gesichtet und geordnet.

Hier kann etwa das *Three Horizons Model* der Beratungsfirma McKinsey zum Einsatz kommen:

- Der Horizon 1 beinhaltet Ideen, die kontinuierlicher Innovation innerhalb eines bestehenden Geschäftsmodells entsprechen.
- Der Horizon 2 enthält Ideen, die das existierende Geschäftsmodell und die Kernkompetenzen des Unternehmens erweitern und damit neue Zielgruppen oder Märkte erschließen.

- Der Horizon 3 schließlich enthält solche Ideen, die es ermöglichen, von disruptiven Prozessen zu profitieren.

Nach dieser Einteilung erfolgt eine weitere Priorisierung. Es werden nur solche Ideen ausgewählt, bei denen das Innovationsteam (nicht deren Vorgesetzte) es für sinnvoll halten, sie mindestens für einige Monate in Vollzeit weiterzuverfolgen.

Solution Exploration, Hypothesis Testing

Für jede der im vorigen Schritt ausgewählten Ideen wird eine *Business Model Canvas* ausgefüllt, um das mit einer Idee zusammenhängende Geschäftsmodell zu visualisieren und auf seine Plausibilität hin zu prüfen.

Bei der Business Model Canvas [4] handelt es sich um eine Methode, um systematisch alle sonst im traditionellen Businessplan abgefragten Bereiche eines Geschäftsmodells zu ermitteln und darzustellen. Die Darstellung erfolgt auf einer virtuellen oder realen Leinwand (Canvas), was die Visualisierung wesentlich übersichtlicher macht als im Businessplan und den direkten Vergleich alternativer Geschäftsmodelle ermöglicht (siehe Abbildung).

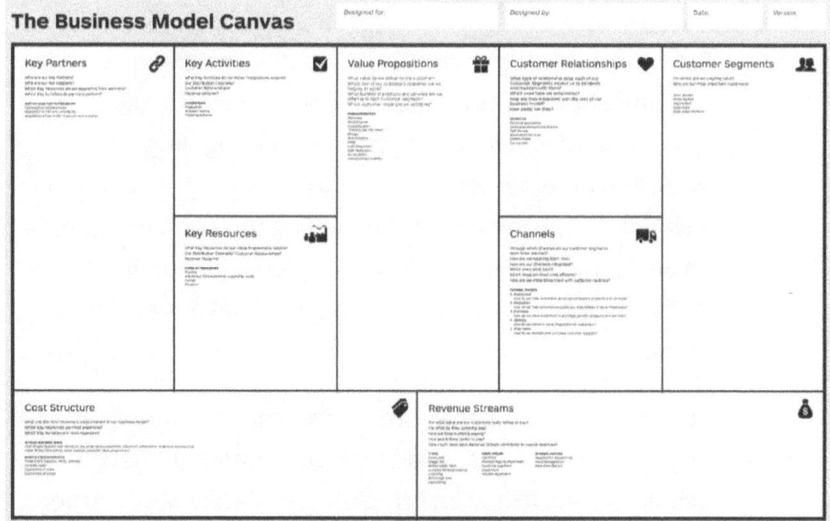

Abbildung 3: Business Model Canvas nach Osterwalder und Pigneur (Quelle: https://www.strategyzer.com/canvas/business-model-canvas)

Die Inhalte der Business Model Canvas für jede einzelne Idee werden als Hypothesen betrachtet, die getestet werden müssen. Zu diesem Zweck wird nicht nur der Austausch mit potenziellen Kunden gesucht, sondern auch mit regulatorischen Einrichtungen und Behörden, und es wird rechtliche und steuerliche Beratung hinzugezogen.

Wenn anhand einer vielversprechenden Business Model Canvas belegt werden kann, dass das Projekt eine hohe Erfolgswahrscheinlichkeit hat, wird es weiterverfolgt – entweder im Unternehmen selbst oder einer selbstständigen rechtlichen Entität, beispielsweise einer Ausgründung (siehe letzter Schritt).

Incubation

In dieser Phase, in der man sich verbindlich zur Durchführung eines Projekts entschieden hat, werden weitere Informationen gesammelt. Es wird weiter am MVP gearbeitet, und das Team arbeitet an seiner eigenen Struktur und seinen Prozessen.

Integration, Refactoring

Schließlich stellt sich die Frage, ob das Projekt innerhalb der bestehenden Organisation oder in einer Ausgründung oder zumindest einer separaten Abteilung umgesetzt wird. Projekte der Horizons 1 und 2 (siehe oben) bieten sich dazu an, in eine bestehende Organisation integriert zu werden, während Projekte aus dem Horizon 3 oft besser in einer separaten Entität umgesetzt werden können.

Zudem müssen sogenanntes *Technical Debt* und *Organizational Debt*, also technische und organisatorische Schulden, aus früheren Projektphasen abgebaut werden. Bei *technischen Schulden* handelt es sich um Kompromisse, die in der technischen Entwicklung des MVPs gemacht wurden, um eine schnelle Umsetzung und Testung zu ermöglichen. Diese können in späteren Wachstumsphasen zu enormen Problemen führen, da sie keine stabile und skalierbare Grundlage für wachsende Systeme darstellen können. Um dieses Problem anzugehen, muss ein Refactoring der technischen Entwicklungen vorgenommen werden, und zwar rechtzeitig, bevor diese Aufgabe zu umfangreich wird.

Organisatorische Schulden entsprechen den technischen Schulden, nur in Bezug auf Menschen und Prozesse. Auch in der Zusammensetzung und der Zusammenarbeit im ursprünglichen Innovationsteam wurden Kompromisse gemacht, um pragmatisch zu schnellen Ergebnissen zu kommen. Es kann sich aber herausstellen, dass nicht alle Teammitglieder geeignet sind, um das Projekt fortzuführen, und einige beispielsweise besser in einem neuen Innovationsteam eingesetzt werden könnten. Auch informelle Regeln und Gewohnheiten, die sich etabliert haben, müssen überdacht und gegebenenfalls formalisiert oder geändert werden, bevor auch hier der Aufwand für eine spätere Änderung zu hoch wird. Hier steht also analog ein menschlich-organisatorisches Refactoring an.

Phasen des Innovationsprozesses nach Design Thinking

Auch beim Design Thinking handelt es sich um ein Framework, das den Innovationsprozess besser und systematischer gestalten soll.

Ein besonderes Merkmal ist die Zusammensetzung der Teams im Design Thinking. Diese sind ausdrücklich multidisziplinär zusammengesetzt, also fachgebietsübergreifend. Jedes Mitglied eines Teams soll eine sogenannte T-förmige Expertise haben: Tiefgehendes Wissen und Erfahrung in einem bestimmten Fachgebiet (senkrechter Teil des „T"), aber einen zumindest groben Überblick und geistige Offenheit für die anderen Fachgebiete (waagerechter Teil des „T").

Das Design Thinking läuft in klar voneinander unterscheidbaren Phasen ab, die jedoch nicht unbedingt linear hintereinander ablaufen. Aus jeder Phase gibt es vielmehr eine Rückkopplung in die vorhergehende Phase, so dass im Ablauf auch Schleifen auftreten können und sollen.

Verstehen

In der ersten Phase des Design Thinking wird angestrebt, die Fragestellung genau zu durchdringen und zu verstehen. Eine große Bedeutung kommt hierbei der theoretischen Recherche zu, bei der Hintergründe und Bedingungen des Problems offengelegt werden. Ein Ergebnis der Recherche kann auch eine Neuformulierung des Problems sein.

Beobachten

Die Beobachtungsphase kann auch als praktische Recherche nach der vorhergehenden theoretischen Recherche verstanden werden. Beobachtungen werden etwa an Nutzern durchgeführt, die eine bestimmte Lösung in der Praxis einsetzen, oder auch als Gespräche mit Nutzern oder Nicht-Nutzern. Die Beobachtungen sollten unter möglichst natürlichen Bedingungen stattfinden und durch Notizen und andere Medien dokumentiert werden.

Zusammenführen

Die durch Recherche und Beobachtung gewonnenen Informationen
werden nun zusammengeführt und allen Teammitgliedern zugänglich
gemacht. Dies kann beispielsweise in narrativer (erzählerischer) Form
erfolgen, im sogenannten Storytelling. Die Interpretation der bis dahin
gewonnenen Erkenntnisse wird im sogenannten Framework festgehalten,
beispielsweise als Diagramm.

Ideengenerierung

In dieser Phase werden nun Ideen zur Problemlösung erzeugt (siehe auch
Kapitel Ideation). Hier kommen verschiedene Kreativitätstechniken zum
Einsatz wie beispielsweise das Brainstorming. Die anschließende
Ideenbewertung und Filterung erfolgt unter folgenden Gesichtspunkten:

- Attraktivität
- Umsetzbarkeit
- Wirtschaftlichkeit

Hierbei warden eine oder mehrere Ideen ausgewählt, die schließlich in die
nächste Phase mitgenommen warden.

Prototyping

Das Prototyping muss nicht, kann aber, die Form eines funktionsfähigen
Prototypen annehmen. Eine andere Art von Prototyp sind etwa die
narrative Beschreibung (Storytelling) einer neuen Dienstleistung.
Ausdrücklich soll durch das Prototyping nicht zwingend eine bestimmte
Idee validiert werden, sondern es soll auch die Ideengenerierung neu
angestoßen werden, so dass unter Umständen der Prozess auch von vorn
beginnen kann.

Testen

Hier wird der Prototyp Angehörigen der Zielgruppe präsentiert, die mit
den Teilnehmern des Design Thinking in einen Dialog über das Resultat
gehen. Abhängig von der Rückmeldung der Zielgruppe kann nun ein
erneuter Rückgriff auf frühere Phasen des Design-Thinking-Prozesses
erfolgen.

Das Design Thinking wurde von David Kelley entwickelt [14]. Dieser berichtet selbst, dass die Notwendigkeit für ein neues Konzept des Innovationsprozesses in seinen Workshops mit Studenten aufkam. Er ließ sich von einigen Studierenden inspirieren, denen es immer wieder gelang, durch einen scheinbar gleichbleibenden Prozess zu immer neuen Ideen zu kommen.

Unter anderem durch die Verbreitung des Design Thinking wurde der Weg für eine bessere Fehlerkultur im Innovationsmanagement gebahnt, da der scheinbare Rückschritt auf frühere Prozessphasen im Design Thinking mit eingebaut ist und nicht als Fehlschlag verstanden werden soll. Diese Rückschritte können durch das Design Thinking ressourcenschonend durchgeführt werden, da sie bereits in frühen Stadien des Entwicklungsprozesses eingeplant werden.

Das Design Thinking ist dabei ausdrücklich nicht auf den Anwendungsbereich beschränkt, der im Deutschen unter den Begriff „Design" fällt, denn der englische Begriff lässt sich auch als „Entwurf" ins Deutsche übertragen und ist damit wesentlich vielseitiger.

Ideation: Wo kommen gute Ideen her?

Jeder hat eine intuitive Vorstellung davon, was eine gute Idee ausmacht. Aber für ein systematisches Ideenmanagement im Rahmen des Innovationsmanagements muss man sich die Frage stellen: Was ist überhaupt eine Idee?

Wie auch für den Begriff Innovation haben sich für den Begriff der Idee viele Wissenschaftler um eine Definition bemüht. Sinnvoll und nützlich ist beispielsweise folgende Definition:

Eine Idee ist ein Konzept zur Lösung eines Problems oder zur Verbesserung eines Services, eines Prozesses oder Produkts, das neuartig und nützlich ist [5].

Ideation ist dementsprechend das Suchen und Finden solcher Konzepte.

Ideengenerierung und Kreativitätstechniken

In der Ideation kommen Kreativitätstechniken zum Einsatz, die das Entstehen neuer Ideen befruchten und beschleunigen sollen. Diese reichen von sehr allgemein und breit anwendbaren Techniken, wie etwa dem weithin bekannten Brainstorming oder Brainwriting, bis hin zu eher speziellen Techniken, die vorwiegend in bestimmten Fachgebieten anwendbar sind. Ein Beispiel für letzteres ist die Bionik, bei der Lösungen aus dem Tierreich auf Fragestellungen in den Ingenieurswissenschaften und anderen technischen Bereichen übertragen werden.

Weitere Kreativitätstechniken sind etwa:

6-3-5-Methode

Hier erhalten 6 Teilnehmer vorbereitete Arbeitsblätter mit einer Tabelle, die 3 Spalten und 6 Zeilen hat. Jeder Teilnehmer trägt innerhalb einer vorgegebenen Zeit – etwa 5 Minuten – in jede Spalte der ersten Zeile eine Idee zur vorgegebenen Fragestellung ein. Dann werden die Arbeitsblätter im Kreis weitergegeben, insgesamt fünfmal (daher die Bezeichnung 6-3-5: 6 Teilnehmer, 3 Spalten, 5 Weitergaben). Bei jeder Weitergabe werden die Teilnehmer von den bereits bestehenden Ideen der anderen

Teilnehmer inspiriert.

Die 6-3-5-Methode ist eine Variante des Brainwriting. Dieses kann auch unstrukturiert erfolgen, d.h. alle Teilnehmer bringen ihre Ideen zu Papier. Wie beim Brainstorming sollte auch hier keine voreilige Selektion oder Zensur der Ideen erfolgen.

6 Denkhüte

Den Teilnehmern des Workshops stehen hier sechs verschiedene Hüte zur Verfügung. Jeder Hut hat eine andere Farbe und steht für eine bestimmte Herangehensweise an Probleme. Die Hüte werden der Reihe nach aufgesetzt, und der Träger eines Hutes äußert sich entsprechen der Farbe des Hutes zur Aufgabenstellung. Die Äußerungen werden schriftlich festgehalten.

Weißer Hut: Analytisches Denken, Konzentration auf Tatsachen

Roter Hut: Emotionales Denken, Konzentration auf Gefühle und Meinungen

Schwarzer Hut: Kritisches Denken, Beschreibung von Risiken, Problemen, Bedenken

Gelber Hut: Optimistisches Denken, Beschreibung des Best-Case-Szenarios

Grüner Hut: Kreatives, assoziatives Denken, neue Ideen

Blauer Hut: Ordnendes Denken, Überblick über Prozesse und das „Big Picture"

Bionik

Lösungswege aus der Natur werden auf die vorliegende Fragestellung übertragen. Kann auch anschaulich mittels Nachbau von natürlichen Strukturen erfolgen (z.B. Vogelflügel, um Ideen für den Bau von Flugzeugen zu generieren).

Café to go

Es gibt mehrere Tische (je nach Teilnehmerzahl) mit Papiertischdecken und je einem Moderator. An jedem Tisch erfolgt für 20 bis 30 Minuten eine moderierte Diskussion der Aufgabenstellung; die Ideen und Ergebnisse werden schriftlich auf der Papiertischdecke festgehalten. Nach Ende der Zeit erfolgt ein Wechsel der Teilnehmer pro Tisch. Die neuen Teilnehmer diskutieren die Fragestellung erneut und werden vom Moderator ermutigt, Verknüpfungen zu den bereits notierten Konzepten herzustellen und ebenfalls auf der Tischdecke darzustellen.

Kopfstandmethode

Hier wird die Fragestellung umgekehrt: Wie müssten die Ideen aussehen, um die Fragestellung nicht zu erfüllen? Beispielsweise, um ein neues Projekt scheitern zu lassen? Die hierbei entstehenden Negativideen werden im Brainwriting festgehalten und schließlich zusammengeführt. Zum Abschluss werden die Negativideen wieder „umgedreht" und als Inspirationsquelle für Positivideen genutzt.

Es existieren zahlreiche weitere Techniken, die allein und in Kombination genutzt werden können. Die Eignung einer Technik ist zudem abhängig von der Gruppengröße und der Aufgabenstellung.

Idea Engineering

Das Idea Engineering, entwickelt 2006 vom Informatiker Graham Horton [17], ist eine Alternative zu den oben genannten Kreativitätstechniken und versucht, den Ideenfindungsprozess systematischer zu strukturieren.

Das Idea Engineering verfolgt gewissermaßen einen ingenieurswissenschaftlichen Ansatz; statt von einer Ideenwerkstatt (einem Begriff, der im Zusammenhang mit vielen Kreativitätstechniken gebraucht wird), wird von einer Ideenfabrik gesprochen.

Die Ideenproduktion mittels Idea Engineering soll im Gegensatz zur Ideengenerierung mittels Kreativitätstechniken die folgenden Eigenschaften aufweisen:

- Zuverlässigkeit

o   Die Wahrscheinlichkeit von „Fehlversuchen"
soll minimiert werden.
- Vorhersagbarkeit
o   Zwischen den eingesetzten Ressourcen und
dem Output an Ideen einer bestimmten Qualität soll
eine klare Korrelation bestehen.
- Transparenz
o   Teilnehmer*innen aus unterschiedlichen
Disziplinen sollen die Vorgehensweise leicht erlernen
können.
- Effizienz
o   Aus einer gegebenen Menge an Ressourcen
soll die größtmögliche Anzahl an qualitativ
hochwertigen Ideen entstehen.
- Fundiertheit
o   Die Prozesse des Idea Engineering sollen klar
definiert sein.
- Messbarkeit
o   Es sollen Variablen oder Indikatoren
vorhanden sein, mit denen Output und Effizienz der
Methode messbar gemacht werden.
- Optimierbarkeit
o   Die Methode soll anhand ihrer Messbarkeit
vergleich-, analysier- und optimierbar sein.

Nach Horton funktionieren alle erfolgreichen Methoden zur
Ideengenerierung durch die Umgehung der sogenannten Occupational
Blindness. Letztere führt dazu, dass aufgrund der Vertrautheit mit dem
Themenfeld die Ideenfindung in ausgetretenen Pfaden verläuft und
Lösungen übersehen werden. Um diese Blindheit auszuschalten, werden
beim Idea Engineering fachfremde Ideengeber eingesetzt, die innerhalb
vorgegebener Parameter des Auftraggebers sich der Ideenfindung
widmen. Voraussetzung für eine solche Tätigkeit als Ideengeber sind nach
Horton lediglich geistige Offenheit und Flexibilität.

Sogenannte Rohideen, die in der Ideenfabrik durch Ideengeber generiert werden, werden im nächsten Schritt verbessert und weiter ausdefiniert und schließlich einem Ranking unterzogen. Dessen Kriterien sind abhängig von den Wünschen des Auftraggebers.

Ideenbewertung

Bei fast allen in der Ideengenerierung gebräuchlichen Kreativitätstechniken wird Wert darauf gelegt, dass Ideen offen und vorurteilsfrei generiert und dokumentiert werden – der „innere Kritiker" soll für die Dauer des kreativen Prozesses stillgelegt werden.

Dies führt in der Regel zu einer Vielzahl von Ideen sehr unterschiedlicher Qualität. Um ressourcenschonend zu arbeiten, muss im nächsten Schritt eine Ideenbewertung erfolgen: Die Ideen werden nach bestimmten Kriterien evaluiert, so dass schließlich mehr oder weniger objektiv darüber entschieden werden kann, welche von ihnen weiterverfolgt werden sollten.

Allgemeingültige Kriterien für die Bewertung von Ideen existieren nicht. Selbst in einem bestimmten Fachgebiet oder für eine bestimmte Fragestellung kann die Ideenbewertung jeweils auf unterschiedlichen Kriterien beruhen: So kann für einen Auftraggeber beispielsweise die schnelle Umsetzbarkeit von Ideen im Vordergrund stehen, für einen anderen die potenzielle Profitabilität, für wieder einen anderen die ökologische Verträglichkeit, oder auch beliebige Kombinationen von diesen und anderen Kriterien.

Unabhängig von der Auswahl der Kriterien zu Ideenbewertung gibt es jedoch Methoden zur Ideenbewertung, die allein oder in der Gruppe eingesetzt werden können. Nicht alle dieser Verfahren sind für alle Anwendungsbereiche geeignet. Insofern ähneln die Methoden zur Ideenbewertung den Methoden zur Ideengenerierung.

Gängige Verfahren zur Ideenbewertung sind etwa folgende:

Delphi-Technik

Die Delphi-Technik wird eingesetzt, um die Aussagen von Experten bezüglich der Bewertung einer Idee systematisch zu erheben. Sie verläuft in mehreren Runden: In der ersten Runde beantworten die ausgewählten Experten vorgegebene Fragen zu einer Idee auf einem Fragebogen. Der Moderator fasst diese Antworten daraufhin anonymisiert zusammen und gibt sie den Experten zur Kenntnis. Nach dieser Rückkopplung erfolgt eine zweite Runde. Auf diese Art und Weise soll eine Entwicklung in Richtung eines Konsens erfolgen.

Kosten-Nutzen-Analyse

Bei der Kosten-Nutzen-Analyse werden alle direkte und indirekten Kosten der Umsetzung einer Idee mit allen aus ihr folgenden direkten und indirekten Nutzen ins Verhältnis gesetzt. Dies kann rein unter finanziellen Gesichtspunkten erfolgen oder auch immaterielle Faktoren berücksichtigen.

Pareto-Analyse

Das bekannte Pareto-Prinzip besagt, dass 20% der an einer Situation beteiligten Faktoren für 80% der Wirkung verantwortlich sind. Bei der Ideenbewertung kann eine Pareto-Analyse eingesetzt werden, um zu ermitteln, mit welcher Idee ressourcensparend der idealen Problemlösung möglichst nahegekommen werden kann.

Innovationsmetriken: Wie misst man Innovation?

Eine so wichtige Funktion im Unternehmen wie das Innovationsmanagement muss wie jede andere Funktion auch gesteuert werden und darf nicht dem Zufall überlassen werden. Zur Steuerung müssen die Prozesse und Outcomes messbar gemacht werden.

Das ist eine Aufgabe, die nicht trivial ist – wie soll man den kreativen Geistesblitz operationalisieren? Da das Thema Messung und Metriken aber eine so große Rolle im erfolgreichen Innovationsmanagement spielt, haben sich zahlreiche Forscherinnen und Forscher der Aufgabe gestellt, eben diese Messbarkeit herzustellen. Es existieren also in der Literatur eine ganze Reihe von *Indikatoren*, mit denen diverse Größen im Innovationsmanagement gemessen werden können.

Leading und Lagging Indicators: vorausgehende und nachlaufende Indikatoren

Diese Indikatoren kann man zunächst übergreifend einteilen in sogenannte Leading Indicators und Lagging Indicators, oder auf Deutsch: vorausgehende Indikatoren und nachlaufende Indikatoren.

Jedes profitorientierte Unternehmen hat mit seinen Innovationsaktivitäten ultimativ das Ziel, Umsatz und Gewinn zu steigern, wenn auch manchmal nur indirekt. Bei diesen beiden Größen, die zu den wichtigsten für das Management des Unternehmens zählen, ist aber erst eine Veränderung zu verzeichnen, wenn die Innovationsaktivitäten bereits stattgefunden haben: Die Markteinführung eines neuen Produkts im Jahr 2019 wird (hoffentlich) den Umsatz im restlichen Jahr 2019 und im Jahr 2020 steigern, kann aber nicht mehr den Umsatz des Jahres 2018 beeinflussen.

Die Innovations- oder Forschungs- und Entwicklungsabteilung eines Unternehmens steht damit unter ständigem Rechtfertigungsdruck für ihre Aktivitäten und die Kosten, die daraus entstehen. Diese können mit nachlaufenden Indikatoren stets nur im Rückblick verargumentiert werden.

Daher besteht ein Bedarf an Indikatoren, die bereits dann die Innovationsaktivitäten messbar machen, wenn diese noch laufen. Diese sind zwar tendenziell weniger aussagekräftig als finanzielle Kennzahlen, die im Nachhinein gemessen werden, erlauben aber eine Steuerung der Innovationsaktivitäten.

An solchen Indikatoren wird bereits seit den 1950er Jahren geforscht. Anfangs waren diese noch ein Abbild des eher gemächlichen Innovationstempos der damaligen Zeit und somit recht einfach gestrickt. Die Wirtschafts- und Innovationsforscher Milbergs und Vonortas [18] haben daher die ersten Indikatoren und darauffolgende Entwicklungen in verschiedene Generationen eingeteilt, die jeweils komplexer und aussagekräftiger wurden:

1. Generation (1950er und 1960er Jahre): Input-Indikatoren

Zu diesen vorausgehenden Indikatoren zählen etwa die Ausgaben für Forschung und Entwicklung oder die Anzahl der Vollzeitstellen von wissenschaftlichem und technischem Personal.

Diese Indikatoren lieferten nur grobe Anhaltspunkte bezüglich der Innovationsaktivität, da große Unternehmen beispielsweise ohne weiteres viel Kapital einsetzen können, um Innovationen zu fördern, aber damit nicht unbedingt effektiver sind als kleine Wettbewerber, die mit ihren Ressourcen sparsamer umgehen.

2. Generation (1970er und 1980er Jahre): Output-Indikatoren

Zu den später als relevant erkannten Output-Indikatoren zählen etwa die Anzahl der Patente, die aus einer Forschungs- und Entwicklungsabteilung hervorgehen, die Anzahl und der Impact-Faktor (eine im Wissenschaftsbetrieb wichtige Größe für die „Wichtigkeit" eines Journals) der wissenschaftlichen Publikationen und die Anzahl der neu entwickelten Produkte.

Diese Indikatoren machen die Ergebnisse der Innovationsaktivitäten bereits in gewissem Maße messbar, gehen also nicht komplett dem Innovationsprozess voraus, sind aber trotzdem noch vorausgehend in Bezug auf die erwartete Umsatz- und Profitsteigerung.

Auch diese haben allerdings keine optimale Aussagekraft in Bezug auf die Innovationsaktivitäten, denn ein erfolgreich am Markt eingeführtes innovatives Produkt muss nicht patentiert sein, und die zugrunde liegende Technologie muss nicht zuvor in einer wissenschaftlichen Veröffentlichung beschrieben worden sein. Es gibt vielmehr zahlreiche Gründe für ein Unternehmen und dessen Forscher, auf Patente und Publikationen zu verzichten und sich auf die eigentliche Forschung und Entwicklung sowie kommerzielle Verwertung zu konzentrieren. Andererseits gibt es viele Patente und Publikationen, die in der Schublade landen und niemals kommerziell genutzt werden.

Auch die Anzahl neu entwickelter Produkte ist nur ein grober Anhaltspunkt dafür, wie wahrscheinlich es ist, dass ein oder mehrere Produkte schließlich erfolgreich am Markt eingeführt werden.

3. Generation (1990er Jahre): Innovations-Indikatoren

In den 1990er Jahren wurde schließlich eine neue Art von Indikatoren entwickelt, die ursprünglich nicht auf Unternehmen fokussiert waren, sondern von Volkswirtschaftlern genutzt wurden, um die Innovationsfähigkeit von ganzen Nationen zu untersuchen.

Hierzu wurden etwa Umfragen (Surveys) eingesetzt und an der Messbarkeit von innovativer und absorptiver Kapazität (siehe Glossar) gearbeitet. Diese wurden im Benchmarking verwendet, also in der Vergleichbarkeit von Volkswirtschaften untereinander.

Indikatoren wie absorptive und innovative Kapazität können jedoch auch verwendet werden, um Unternehmen in ihrer Innovationsfähigkeit miteinander zu vergleichen, falls die hierzu benötigten Daten vorliegen. Die Messung erfolgt dann in der

Regel durch Befragungen von Mitarbeitenden, Kunden, Zulieferern und anderen Stakeholdern. Die innovative Kapazität kann dann beispielsweise auf einer Likert-Skala („Bewerten Sie mit einem Wert von 1 bis 10") gemessen werden oder auch durch das Sammeln von Freitext-Kommentaren der Umfrageteilnehmer.

Dies ist nicht besonders präzise, verschafft aber einen guten Eindruck der relativen Stärke eines Unternehmens oder einer Abteilung im Vergleich mit anderen, und kann im Fall einer Freitext-Analyse sogar konkrete Anregungen zur Weiterentwicklung liefern.

Ein wichtiger Fortschritt war hier auch die Berücksichtigung von Innovationen im Dienstleistungssektor, die oft wenig technologielastig sind und durch traditionelle, technologieaffine Indikatoren schwer abzubilden sind.

4. Generation (2000er Jahre bis heute): Prozess-Indikatoren

Mit den sogenannten Prozess-Indikatoren, die seit den 2000er Jahren den Stand der Forschung bei Innovationsmetriken darstellen, spannt sich ein breites Feld von Möglichkeiten auf, um den Innovationsprozess zu messen, während er noch läuft.

So haben sich Forscher beispielsweise der Herausforderung gestellt, den schwammigen Begriff des Wissens messbar zu machen, und daraus Wissensindikatoren entwickelt. Diese sind meist zusammengesetzte Indikatoren oder Composite Indicators beziehungsweise Indizes. Hierzu zählt etwa auf Ebene der Volkswirtschaft der Index „Investment in the Knowledge-Based Economy" [19].

Auf Unternehmensebene sind zahlreiche Indikatoren im Wissensmanagement entwickelt worden, die es möglich machen, das für Innovationen zu nutzende Wissen zu quantifizieren. Ein Beispiel dafür ist die Organizational Learning Scale, die fünf

Dimensionen misst: Externe Wissensaneignung, interne Wissensaneignung, Wissensverteilung, Wissensinterpretation und Organisationsgedächtnis [20].

Auch die Vernetztheit von Unternehmen und Einzelpersonen ist relevant im Innovationsprozess und kann mit entsprechenden Indikatoren gemessen werden; einen schon recht fortgeschrittenen Überblick über diese bietet ein Paper von 2006 der OECD [21].

Ein Bereich, in dem die Betrachtung der Volkswirtschaft und die Betrachtung des einzelnen Unternehmens sich überschneiden, ist die Messung der Umgebungsbedingungen für Innovation. Diese Indikatoren geben beispielsweise an, wie förderlich der rechtliche Rahmen in einem Land für die Entwicklung und Umsetzung von Innovationen ist, oder ob im Bereich innovativer Technologien ein Fachkräftemangel herrscht [18].

Zukünftige Indikatoren

Die oben genannten Indikatoren der 1. und 2. Generation sind keineswegs obsolet geworden, sondern nur durch neue Indikatoren ergänzt worden. Zudem wurden die alten Input- und Output-Indikatoren weiterentwickelt.

So gibt es sogenannte *Intermediate Output Indicators* [22], die bei vielen internationalen Management-Beratungen im Gebrauch sind und eine Verfeinerung der ursprünglichen, recht einfachen Output Indicators darstellen. Mit Intermediate Output Indicators werden Verhaltensweisen (innerhalb) einer Organisation annäherungsweise gemessen, beispielsweise:

- Anzahl neu ausprobierter Ideen
- Anteil der Ideen, die zu größeren Projekten führen
- ⇨ Beides zusammen lässt auf eine Kultur schließen, die kalkulierten Risiken gegenüber freundlich aufgeschlossen ist.

Oder:

- Anzahl der Mitarbeiterstunden, die auf unabhängige, eigene Forschungs- und Ideenfindungsprojekte verwendet werden
- Anzahl innovativer Ideen, die davon weiterverfolgt werden

⇨ Diese zusammen sind Indikatoren für eine experimentierfreudige Kultur, die Mitarbeitenden ausreichend Raum für unabhängiges Denken, Forschen und Basteln lässt.

Neben der Weiterentwicklung vorhandener Indikatoren geht der Trend dahin, Aspekte rund um Innovation messbar zu machen, die bisher nur schwer greifbar waren. Beispiele sind Größen für den Wert intellektuellen Kapitals, systemdynamische Simulationen, die Aufschlüsse über den Einfluss von Änderungen in den rechtlichen oder anderen Rahmenbedingungen auf den Innovationsprozess haben, oder Metriken dafür, wie generalisiert und branchenübergreifend eine Technologie einsetzbar ist, die dann zu weiteren Innovationen führen kann.

Schließlich sind natürlich auch nachlaufende Indikatoren wertvoll zur Analyse und Planung der Innovationsaktivitäten.

Das Balanced Scorecard Institute, das das gleichnamige und weit verbreitete Tool zur Unternehmenssteuerung entwickelt hat, empfiehlt dazu einen Key Performance Indicator (KPI) namens *Return on Product Development Expense* (RoPDE) [23]. Dieser wird analog zum bekannteren Return on Investment (RoI) berechnet, nämlich als Verhältnis von Rohertrag minus Ausgaben für die Produktentwicklung zu den Ausgaben für Produktentwicklung.

Als Formel:

RoPDE = (Rohertrag − Ausgaben für Produktentwicklung) /

Ausgaben für Produktentwicklung

Stärken des RoPDE sind, dass er aus herkömmlichen Buchhaltungsdaten berechnet werden kann und spezifischer als RoI und andere KPIs für die Produktentwicklung ist.

Zusammenfassend gibt es also eine große Anzahl von publizierten Indikatoren für das Feld des Innovationsmanagements und verwandte Gebiete wie das Wissensmanagement. „Den" Innovationsindikator gibt es nicht; es kommt vielmehr darauf an, eine sinnvoll begründete Auswahl aus den vorhandenen Indikatoren zu treffen und deren Messung dann konsequent und über mehrere Jahre unverändert durchzuführen, um für die zukünftige Entscheidungsfindung auf eine solide Datenbasis zurückgreifen zu können.

Eine Übersicht der Zusammenhänge einer stattlichen Anzahl von Innovationsindikatoren und ihre Anwendbarkeit in Schritten des Innovationsprozesses liefert die systemdynamische Darstellung namens Innovation Value Stream der Beratungsgesellschaft BearingPoint:

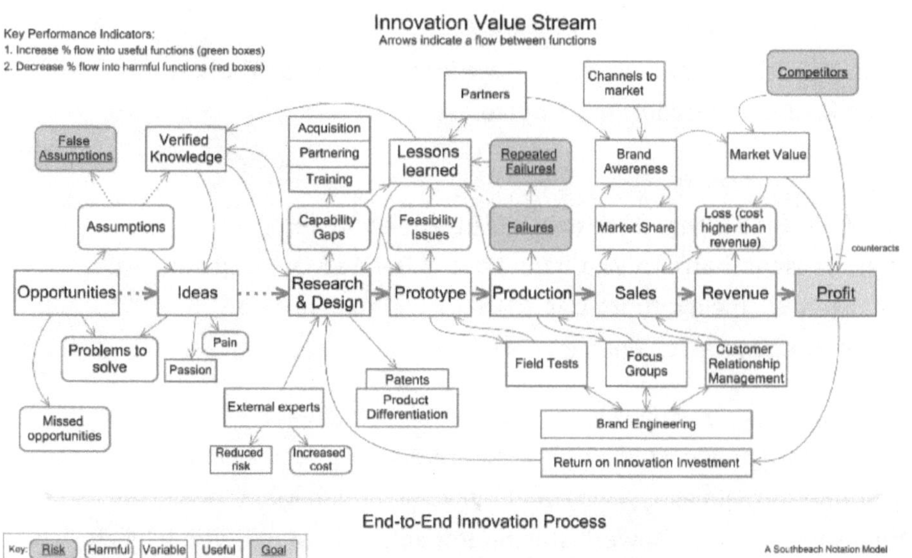

Abbildung 4: Innovation Value Stream, systemdynamische Darstellung der Unternehmensberatung BearingPoint (Quelle: https://www.bearingpoint.com/files/Innovation_High_Res.pdf)

Glossar: Rund um Innovation

Hier finden Sie Erklärungen wichtiger Begriffe rund um das Thema Innovation in alphabetischer Reihenfolge.

Blue-Ocean-Strategie

Der Begriff der Blue-Ocean-Strategie wurde 2004 von den Wirtschaftswissenschaftlern W. Chan Kim und Renée Mauborgne in ihrem gleichnamigen Buch eingeführt, das 2015 noch einmal in einer erweiterten Ausgabe erschienen ist [24].

Kim und Mauborgne postulieren, dass die erfolgreichste Innovationsstrategie die ist, die sich nicht auf den Wettbewerb mit anderen Anbietern einlässt, sondern einen völlig neuen Markt erschließt, auf dem bisher kein Wettbewerb stattfindet. Solch ein Markt wird bildlich als „Blue Ocean" bezeichnet – im Gegensatz zu einem „Red Ocean", in dem in der Bildsprache der Autoren die Raubfische der Konkurrenz so aktiv sind, dass sich das Wasser bereits rot gefärbt hat.

Im Rahmen der Blue-Ocean-Strategie wird auch diskutiert, wie ein solcher Blue Ocean zu erschließen ist. Ein Schlüsselkonzept der Blue-Ocean-Strategie ist dabei die Value Innovation. Diese zielt darauf ab, sowohl für Kunden als auch für das Unternehmen selbst mehr Wert zu schaffen als bisher: Kunden sollen von völlig neuen oder wesentlich verbesserten Eigenschaften eines Produkts oder einer Dienstleistung profitieren, die gleichzeitig zu einem niedrigeren Preis angeboten werden. Das Unternehmen möchte gleichzeitig mehr Profit machen und will dazu seine Kosten senken.

Um diesen scheinbaren Konflikt oder Trade-Off zu lösen, muss das Unternehmen in neue Richtungen hinsichtlich Kosten und Nutzen denken: Welche Eigenschaften von Produkt oder Dienstleistung, die in der Branche bisher für selbstverständlich gehalten wurden, können komplett gestrichen oder wesentlich reduziert werden? Welcher nie dagewesene Nutzen kann den Kunden dafür angeboten werden?

Ein oft zitiertes Beispiel für eine erfolgreiche Value Innovation ist der kanadische Zirkus Cirque de Soleil. Dieser hat Tiervorführungen, die bis dahin im Zirkus als selbstverständlich galten, komplett abgeschafft und damit deutlich Kosten eingespart (vom ethischen Wert dieser Entscheidung ganz zu schweigen). Hierdurch wurden Mittel frei, die eingesetzt werden konnten, um eine völlig neue, vom Theater inspirierte Form von Bühnenprogramm mit Live-Musik zu schaffen, die die Zuschauer bis dahin noch nie gesehen hatten. Durch die Neuheit dieser Darbietungen und die Erschließung neuer Kundengruppen (auch Firmenkunden statt des im Zirkus üblichen Fokus auf Familien) konnten schließlich sogar höhere Eintrittspreise realisiert werden.

Denkanstöße, um mögliche Value Innovations zu identifizieren, geben die sogenannten Sechs Pfade (Six Paths) von Kim und Mauborgne, mit denen entsprechend sechs mentale Grenzen adressiert werden, die oft für Betriebsblindheit innerhalb einer Branche verantwortlich sind [25]:

1. Die eigene Industrie – hier muss der Blick systematisch auf weitere Branchen gerichtet werden.

2. Die strategische Gruppe – es sollten übergreifende Angebote in einer Branche definiert werden.

3. Die Zielgruppe – hier kann eine Redefinition der potenziellen Käufergruppe stattfinden.

4. Die Breite des Angebots – es können auch komplementäre Produkte und Dienstleistungen angeboten werden.

5. Der Emotionsgrad – einem rein funktional wahrgenommenen Produkt kann eine emotionale Komponente gegeben werden oder umgekehrt.

6. Der Zeitablauf – externe Trends können über die Zeit mitgestaltet statt nur befolgt werden.

Design Thinking

Design Thinking ist ein Verfahren, das ausgehend vom kreativen Designprozess die Entwicklung von Innovationen systematisieren und damit verbessern soll. Ihr Entwickler David Kelley [14] beobachtete in seiner Designschule, dass besonders innovative Studenten einen systematischen Prozess verfolgten, mit dem sie zu immer neuen Ideen kamen. Dieser wurde von Kelley notiert und weiterentwickelt.

Design Thinking läuft in folgenden Phasen ab, die nicht linear sind, sondern jeweils in Iterationsschleifen zu einer früheren Phase zurückführen können [16]:

1. Verstehen des Problemfeldes und theoretische Recherche
2. Beobachtung und praktische Recherche
3. Synthese der bis dahin gesammelten Einsichten
4. Ideengenerierung und -filterung
5. Prototyping
6. Testen des Prototypen

Ideation

Als Ideation wird der Prozess bezeichnet, in dem neue Ideen erdacht, weiterentwickelt und kommuniziert werden [26]. Einige Autoren schließen neben der Ideengenerierung auch noch die Ideenbewertung mit in die Ideation ein [13].

Sowohl zur Ideengenerierung als auch zur Ideenbewertung existiert eine große Zahl von unterstützenden Methoden und Techniken.

Methoden zur Ideengenerierung überschneiden sich oft mit generischen Kreativitätstechniken; hierzu zählen etwa das bekannte Brainstorming und Brainwriting, Six Thinking Hats, bildbasierte Verfahren und viele andere.

Methoden zur Ideenbewertung sind ähnlich zahlreich und umfassen beispielsweise Kosten-Nutzen-Analyse, Pareto-Analyse, die Delphi-Technik, SWOT-Analyse und viele andere.

Idee

Eine Idee ist im Zusammenhang des Innovationsmanagements ein

Konzept zur Lösung eines Problems oder Verbesserung eines Services, Prozesses oder Produkts, das neuartig und nützlich ist [5].

Innovation

Zahlreiche Autorinnen und Autoren haben den Begriff der Innovation immer wieder unterschiedlich definiert.

Eine frühe Definition lautet:

„Innovation ist die Erzeugung, Akzeptanz und Implementierung von neuen Ideen, Prozessen, Produkten oder Dienstleistungen" [27].

Eine aktuellere Definition von Prof. Dr. Martin G. Möhrle, Lehrstuhl für BWL, Innovation und Kompetenztransfer an der Universität Bremen, lautet:

„[...] die mit technischem, sozialem und wirtschaftlichem Wandel einhergehenden (komplexen) Neuerungen" [28].

Möhrle zufolge sind allen Definitionsversuchen des Begriffs Innovation die beiden folgenden Merkmale gemeinsam:

„(1) *Neuheit* oder *(Er-)Neuerung* eines Objekts oder einer sozialen Handlungsweise, mind. für das betrachtete System und
(2) *Veränderung* bzw. *Wechsel* durch die Innovation in und durch die Unternehmung, d.h. Innovation muss entdeckt/erfunden, eingeführt, genutzt, angewandt und institutionalisiert werden."

Im englischsprachigen Raum schließlich ist die Definition von Baregheh und Mitarbeitern verbreitet [1]:

"Innovation is the multi-stage process whereby organizations transform ideas into new/improved products, services or processes, in order to advance, compete and differentiate themselves successfully in their marketplace".

Innovationsarten

Die Angabe der Innovationsart beantwortet die Frage, was genau im

Innovationsprozess neu gestaltet werden soll. Je nach Gegenstand der Innovation lassen sich dabei folgende Innovationsarten unterscheiden [29]:

- Produktinnovation – ein neues Produkt oder eine neue Dienstleistung werden geschaffen
- Prozessinnovation (Verfahrensinnovation) – die Leistungserstellungsprozesse im Unternehmen werden erneuert
- Kulturelle Innovation – Veränderungen des sozialen Gefüges von Individuen untereinander wie beispielsweise die Bevorzugung von Textnachrichten vor Anrufen
- Strukturelle Innovation – Erneuerungen der Arbeitsstruktur wie etwa des Arbeitzeitmodelles oder der Personalentwicklung
- Marktmäßige Innovation – Erschließung neuer Absatz- und Beschaffungsmärkte zur Steigerung des Gewinns, Verbesserung der Qualität etc.

Innovationsprozess

Der Innovationsprozess bezeichnet den Weg von der Idee zur kommerziellen Umsetzung einer Innovation und besteht einfach dargestellt aus folgenden Phasen [30]:

- Entdeckung (Discovery)
- Entwicklung (Development)
- Verwertung (Commercialization)

Im Rahmen der Lean-Startup-Bewegung wurden diese Phasen noch weiter differenziert [3] (die Namen der Phasen sind im Folgenden frei übersetzt):

- Suche nach Ideen und lösenswerten Problemen (Innovation Sourcing)
- Auswahl von Ideen und Problemen (Curation), Identifikation vorhandener Lösungsansätze und Erstellung eines Minimum Viable Product (MVP)
- Priorisierung (Prioritization) beispielsweise entlang des Spektrums von kontinuierlicher zu disruptiver Innovation

- Erkundung von Lösungen (Solution Exploration) und Testen von Hypothesen (Hypothesis Testing), beispielsweise mit der Business Model Canvas
- Reifung und Verfeinerung (Incubation)
- Integration und Restrukturierung (Refactoring) zur Aufnahme in die Unternehmensstruktur und Umsetzung

Innovationsstrategie

Im Rahmen der Innovationsstrategie werden die für das Unternehmen am erfolgversprechendsten Innovationsfelder identifiziert.

Innovationsstrategien werden von verschiedenen Autoren nach den unterschiedlichsten Gesichtspunkten eingeteilt. Eine weit verbreitete Einteilung ist folgende [2]:

- Marktorientierte Innovationsstrategien

  Auf welche Produkt- und Leistungsbereiche konzentriert sich ein Unternehmen und auf welchen Märkten werden diese mit welchem Innovationsgrad angeboten?

- Wettbewerbsorientierte Innovationsstrategien

  In welcher Form will ein Unternehmen mit seinen Wettbewerbern konkurrieren, wie sich von ihnen abgrenzen?

- Technologieorientierte Innovationsstrategien

  Welche Technologiefelder werden mit welcher Kompetenzbreite und -tiefe und welchen Ressourcen abgedeckt?

- Zeitorientierte Innovationsstrategien

  Zu welchem Zeitpunkt und mit welcher Geschwindigkeit werden Forschung und Entwicklung betrieben, und wann werden Innovationen auf dem Markt eingeführt?

- Kooperationsorientierte Innovationsstrategien

  Werden Innovationsaktivitäten allein oder in Kooperation

durchgeführt?

Die Innovationsstrategie ist ein wichtiger Baustein des Innovationsmanagements und Teil der übergeordneten Unternehmensstrategie.

Innovationsmanagement

Als Innovationsmanagement wird die Lenkung der folgenden drei Prozesse in einem Unternehmen oder einer anderen Institution bezeichnet [31]:

- Die interne Schaffung und Verarbeitung von technologischem Wissen, vor allem durch Forschung und Entwicklung (Research and Development)
- Die Umsetzung von Neuerungen (Innovationen) in der Produktion
- Die Einführung von Neuerungen (Innovationen) in den Markt

Die Beratungsfirma A.T. Kearney stellt das Innovationsmanagement in ihrem „House of Innovation" [32] mit folgenden Dimensionen dar:

- Basis ist das Innovationslebenszyklus-Management, das die gesamte Lebenszeit der Innovation begleitet, vom Ideenmanagement über die Innovationsentwicklung bis hin zum Launch und dem kontinuierlichen Verbesserungsprozess
- Dieser Innovationslebenszyklus wird von Innovationsorganisation und Innovationskultur informiert und beeinflusst.
- Innovationsorganisation und Innovationskultur wiederum werden von der Innovationsstrategie bestimmt und gesteuert.

Innovative und absorptive Kapazität

Die beiden Begriffe innovative und absorptive Kapazität [33] bezeichnen zwei Größen, die den Umgang von Institutionen mit Innovation beschreiben:

Eine Institution mit einer hohen innovativen Kapazität bringt selbst Innovationen durch Prozesse von Forschung und Entwicklung (F&E, im Englischen Research & Development oder R&D) hervor.

Eine Institution mit einer hohen absorptiven Kapazität ist dazu in der Lage, von außerhalb gewonnene Informationen als potenziell nützlich für die Innovation erkennt und es ihm gelingt, sie kommerziell zu verwerten. Hier kann weiter differenziert werden: Die Aufnahme von Informationen aus externen Quellen und deren Eingliederung in das interne Wissensmanagement wird als potenzielle absorptive Kapazität bezeichnet, die tatsächliche Umsetzung dieses Wissens in innovative Produkte und Dienstleistungen als realisierte absorptive Kapazität.

Die Definitionen der beiden Begriffe zeigen, dass innovative und absorptive Kapazität nicht gegenläufig sind, sondern in einem erfolgreich innovativen Unternehmen oft beide groß sind. Eine aktive Forschungs- und Entwicklungsabteilung kommt nicht ohne den Erwerb von Wissen aus äußeren Quellen aus, benötigt also eine hohe absorptive Kapazität, während dieses externe Wissen gleichzeitig auch die innovative Kapazität stärkt.

Knowledge Sourcing

Als Knowledge Sourcing wird das Auffinden von Wissensquellen außerhalb des Unternehmens und die Integration dieses Wissens in das Unternehmen bezeichnet.

Dabei stehen dem Unternehmen drei Methoden zur Verfügung [34], die sich teilweise überschneiden können:

- Informeller Transfer von Informationen
- Zusammenarbeit (Kollaboration) in Forschung und Entwicklung
- Erwerb (Akquisition) einer Technologie

Beim *informellen Transfer* werden Informationen zwischen Partnern mit schwachen (informellen) Netzwerkbeziehungen weitergegeben. Dies können auf der einen Seite Mitarbeiter des Unternehmens sein, auf der anderen Seite beispielsweise Mitarbeitende von Wettbewerbern, Kunden, Zulieferern, neu eingestellte Mitarbeiter des eigenen Unternehmens, aber auch unpersönliche Informationsquellen wie Broschüren und Messestände, Publikationen offline und im Internet etc.

Bei der *Zusammenarbeit in F&E* wird eine formelle Vereinbarung geschlossen, die zu einer starken, formalisierten Netzwerkverbindung führt. Solche Vereinbarungen können beispielsweise zwischen Zweigstellen eines Unternehmens bestehen, zwischen Wettbewerbern, in einer Kunden-Lieferanten-Beziehung, mit Beratungsunternehmen oder Forschungseinrichtungen.

Die *Akquisition einer Technologie* kann zwischen den gleichen Partnern erfolgen, wie sie im vorigen Absatz genannt wurden. Dieser Kontakt ist aber zeitlich meist kürzer und führt zu einer geringeren Stärke der Interaktion, so dass im günstigsten Fall ein hoher Wissenstransfer in kurzer Zeit möglich ist, im schlechteren Fall aber nur wenig Wissen vermittelt wird.

Open Innovation und Closed Innovation

Traditionell wurde Innovation im 20. Jahrhundert als Prozess betrachtet, bei dem durch interne Forschungsaktivitäten eine interne Wissensbasis entsteht und diese durch Entwicklung, ebenfalls „inhouse", zu neuen Produkten und Dienstleistungen führt, die proprietär durch das Unternehmen vermarktet werden.

Als Kontrast zu diesem traditionellen Konzept wurde 2003 erstmals das Konzept der Open Innovation definiert [35], und das zuvor vorherrschende Modell von da an zur Unterscheidung als Closed Innovation bezeichnet.

Bei Open Innovation werden die Unternehmensgrenzen durchlässig für Informationen und auch Technologien und andere Entwicklungen. Der Innovationsprozess geht nicht länger nur von einer internen Wissensbasis aus, sondern schließt interne und externe Quellen mit ein.

Von diesen ausgehend werden nicht nur innerhalb des Unternehmens in einem linearen Entwicklungsprozess neue Produkte und Dienstleistungen entwickelt. Es besteht vielmehr während der ganzen Dauer des Innovationsprozesses ein Austausch mit der Außenwelt, bei dem Technologien in verschiedenen Reifestadien von außen eingekauft werden, vom Unternehmen nach außen lizensiert werden – auch schon vor Marktreife – oder in Ausgründungen (Spin-Offs) extern weiterentwickelt werden.

Quellen und Literaturhinweise

[1]   A. Baregheh, J. Rowley, und S. Sambrook, „Towards a multidisciplinary definition of innovation", *Management decision*, Bd. 47, Nr. 8, S. 1323–1339, 2009.

[2]   W. Müller und D. Görres, „Innovationsstrategien - Konzeption und Best Marketing Practices". 2009, [Online]. Verfügbar unter: https://opus.bsz-bw.de/fhdo/frontdoor/deliver/index/docId/41/file/IAMM-Innovationsstrategien.pdf.

[3]   S. Blank und P. Newell, „What Your Innovation Process Should Look Like", *Harvard Business Review*, Sep. 11, 2017.

[4]   A. Osterwalder, Y. Pigneur, und T. Clark, *Business model generation: a handbook for visionaries, game changers, and challengers*. Hoboken, NJ: Wiley, 2010.

[5]   R. C. Litchfield, L. L. Gilson, und P. W. Gilson, „Defining Creative Ideas: Toward a More Nuanced Approach", *Group & Organization Management*, Bd. 40, Nr. 2, S. 238–265, Apr. 2015, doi: 10.1177/1059601115574945.

[6]   D. Minor, P. Brook, und J. Bernoff, „Data From 3.5 Million Employees Shows How Innovation Really Works", *Harvard Business Review*, Okt. 09, 2017.

[7]   T. Agan, „Please Stop Ideating", *Harvard Business Review*, Apr. 29, 2014.

[8]   M. A. Covington, „Idea density — A potentially informative characteristic of retrieved documents", in *IEEE Southeastcon 2009*, März 2009, S. 201–203, doi: 10.1109/SECON.2009.5174076.

[9]   D. A. Snowdon *u. a.*, „Linguistic Ability in Early Life and Alzheimer Disease in Late Life-Reply", *JAMA*, Bd. 275, Nr. 24, S. 1879–1879, 1996.

[10] W. C. Meierhenry, „Needed research in the introduction and use of audiovisual materials: A special report", *Audiovisual communication review*, Bd. 10, Nr. 6, S. 307–316, 1962.

[11] T. Hellmann und E. Perotti, „The circulation of ideas in firms and markets", *Management Science*, Bd. 57, Nr. 10, S. 1813–1826, 2011.

[12] C. Brown, T. Snodgrass, S. J. Kemper, R. Herman, und M. A. Covington, „Automatic Measurement of Propositional Idea Density from Part-of-Speech Tagging", *Behav Res Methods*, Bd. 40, Nr. 2, S. 540–545, Mai 2008.

[13] M. Rebernik, B. Bradač, M. Rebernik, und B. Bradač, „Idea evaluation methods and techniques", *Institute for Entrepreneurship and Small Business Management, University of Maribor, Slovenia*, Bd. 27, 2008.

[14] D. Kelley, „Why Design Thinking is Relevant", *IDEO U*. https://www.ideou.com/blogs/inspiration/david-kelley-on-design-thinking (zugegriffen Jan. 30, 2019).

[15] M. Camacho, „David Kelley: From Design to Design Thinking at Stanford and IDEO", *ResearchGate*, Mai 2016. https://www.researchgate.net/publication/306097249_David _Kelley_From_Design_to_Design_Thinking_at_Stanford_and_I DEO (zugegriffen Jan. 30, 2019).

[16] A. Grots und M. Pratschke, „Design Thinking—Kreativität als Methode", *Marketing Review St. Gallen*, Bd. 26, Nr. 2, S. 18–23, 2009.

[17] G. Horton, „Idea engineering: Teaching students how to generate ideas", in *Proceedings of 9th International Conference on Engineering Education, San Juan, Puerto Rico*, 2006.

[18] E. Milbergs und N. Vonortas, „Innovation Metrics: Measurement to Insight". 2004, [Online]. Verfügbar unter: https://innovationmanagement.se/wp-content/uploads/pdf/Innovation-Metrics-NII.pdf.

[19] M. Saisana, A. Saltelli, N. Schulze, S. Tarantola, und V. Duchêne, „Uncertainty and Sensitivity Analysis for the Knowledge-Based Economy Index", Sep. 2005.

[20] S. P. López, J. M. M. Peón, und C. J. V. Ordás, „Human Resource Management as a Determining Factor in Organizational Learning", *Management Learning*, Bd. 37, Nr. 2, S. 215–239, Juni 2006, doi: 10.1177/1350507606063443.

[21] C. H. Davis, D. Arthurs, E. Cassidy, und D. Wolfe, „What Indicators for STI Policies in the 21st Century?" 2006, [Online]. Verfügbar unter: http://www.oecd.org/sti/inno/37443546.pdf.

[22] P. Drucker, „How to Measure Innovation", 2018. https://www.thinkhdi.com/library/supportworld/2018/how-to-measure-innovation (zugegriffen Juli 25, 2019).

[23] Balanced Scorecard Institute, „How Do I Measure ‚Innovation'?" Balanced Scorecard Institute, 2011, [Online]. Verfügbar unter: https://www.balancedscorecard.org/portals/0/pdf/howtomeasureinnovation.pdf.

[24] W. C. Kim und R. Mauborgne, *Blue ocean strategy: how to create uncontested market space and make the competition irrelevant*. 2015.

[25] G. Horton, „Die Value Innovation-Checkliste «Zephram", *Impulse für Innovation*, Mai 28, 2008. http://www.zephram.de/blog/ideenfindung/value-innovation-checkliste/ (zugegriffen Juli 26, 2019).

[26] D. Graham und T. T. Bachman, *Ideation: the birth and death of ideas*. Hoboken, N.J.: John Wiley & Sons, 2004.

[27] V. A. Thompson, „Bureaucracy and innovation", *Administrative science quarterly*, S. 1–20, 1965.

[28] M. G. Möhrle, „Definition: Innovation", *Gabler Wirtschaftslexikon*. https://wirtschaftslexikon.gabler.de/definition/innovation-39624 (zugegriffen Juli 23, 2019).

[29] M. Disselkamp, *Innovationsmanagement: Instrumente und Methoden zur Umsetzung im Unternehmen*, 2., überarb. Aufl. Wiesbaden: Springer Gabler, 2012.

[30] L. Landry, „The Innovation Process: A Step-by-Step Guide", *Northeastern University Graduate Programs*, Dez. 21, 2017. https://www.northeastern.edu/graduate/blog/innovation-process/ (zugegriffen Jan. 29, 2019).

[31] K. Brockhoff, *Management organisatorischer Schnittstellen: unter besonderer Berücksichtigung der Koordination von*

Marketingbereichen mit Forschung und Entwicklung, Bd. 12. In Kommission beim Verlag Vandenhoeck & Ruprecht, 1994.

[32] M. Garn und D. Schleidt, *Jahrbuch Innovation 2014 Innovationstreiber für Wirtschaft, Wissenschaft, Politik und Gesellschaft*. Frankfurt am Main: FAZ-Institut, 2014.

[33] W. M. Cohen und D. A. Levinthal, „Absorptive capacity: A new perspective on learning and innovation", *Administrative science quarterly*, S. 128–152, 1990.

[34] K. H. Kang und J. Kang, „How do firms source external knowledge for innovation? analysing effects of different knowledge sourcing methods", *Int. J. Innov. Mgt.*, Bd. 13, Nr. 1, S. 1–17, März 2009, doi: 10.1142/S1363919609002194.

[35] H. W. Chesbrough, *Open innovation: the new imperative for creating and profiting from technology*. Boston, Mass: Harvard Business School Press, 2003.

Wenn Sie bis hierhin gelesen haben...

... dann verraten Sie uns doch, wie es Ihnen gefallen hat!

Fanden Sie das Buch hilfreich? Dann würden wir uns über eine Rezension auf Amazon.com oder beim Online-Buchhändler Ihres Vertrauens sehr freuen. Und – noch wichtiger: Wenn Ihnen in diesem Buch etwas fehlt, wenn Sie fanden, dass wir einen Sachverhalt unzureichend erklärt haben, oder wenn Sie andere Verbesserungsvorschläge haben, dann schreiben Sie sie uns bitte an verlag@intellicore.press – und wir werden sie im nächsten Update berücksichtigen.

Wir freuen uns auf Ihr Feedback!

In Vorbereitung bei Intellicore Press:

Künstliche Intelligenz (KI) für Eilige

ISBN 978-3-96214-044-1

Machine Learning für Eilige

ISBN 978-3-96214-045-8

Natural Language Processing (NLP) und Natural Language Understanding (NLU) für Eilige

ISBN 978-3-96214-042-7

Brain-Computer-Interfaces für Eilige

ISBN 978-3-96214-046-5

Usability und User Experience (UX) für Eilige

ISBN 978-3-96214-047-2

9 783962 140434